精選言語文化　古典本文ノート　古文編2

本書の構成と特色

・本書は、『精選言語文化』の「日本文学編―古文」採録の教材から、本文、脚注、脚問、手引きの問題を掲載したノートです。
・本文の行間を広くとり、書き込みがしやすいように配慮しました。また奇数ページには罫線のみのページを用意して、板書や現代語訳などを自由に書き込めるようにしました。
・教科書本文中の地図などもできる限り掲載しました。
・脚注番号、脚問番号は教科書と対応しています。
・参照ページは教科書のページを示しています。

目次

◆随筆(二)

徒然草

ある人、弓射ることを習ふに

つれづれなるままに、日暮らし硯に向かひて、心に
うつりゆくよしなしごとを、そこはかとなく書きつくれば、
あやしうこそものぐるほしけれ。
(序段)

ある人、弓射ることを習ふに、[1]諸矢をたばさみて的に
向かふ。師のいはく、「初心の人、二つの矢を持つこと
なかれ。のちの矢を頼みて、初めの矢になほざりの心あり。
毎度ただのちの矢なく、この一矢に定むべしと思へ。」と

1 **諸矢**　二本の矢。的に向かうときは一対《つい》二本の矢を持つのが作法。

検印

3 教科書 p.182〜183

言ふ。わづかに二つの矢、師の前にて一つをおろかにせんと思はんや。[2]懈怠の心、自ら知らずといへども、師❶これを知る。この戒め、万事にわたるべし。

道を学する人、夕べには朝あらんことを思ひ、朝には夕べあらんことを思ひて、重ねてねんごろに修せんことを期す。いはんや[3]一刹那のうちにおいて、懈怠の心あることを知らんや。なんぞ、ただ今の[4]一念において、

2 懈怠の心 なまけおこたる心。

❶「これ」は何をさすか。

3 一刹那 一瞬。仏教語できわめて短い時間をいう。

4 一念 「一刹那」と同じ。

5 教科書 p.182〜183

ただちにすることのはなはだかたき。

（第九十二段）

学習の手引き

一 序段の一文は、執筆の理由・対象・記述態度を述べている。該当する部分をそれぞれ抜き出そう。

二 「弓射ることを習ふ」場合の二本の矢の戒めを、「道を学する」場合に当てはめて説明してみよう。

活動の手引き

一 「懈怠の心」はどのようなときに生じるだろうか、現代の生活において探し、発表し合おう。

言葉の手引き

一 次の語の意味を調べよう。

1 頼む（一八三・3）　2 なほざりなり（一八三・4）

3 おろかなり（一八三・1）　4 ねんごろなり（一八三・6）

二 「おろかにせんと思はんや。」（一八三・1）の傍線部「ん」の意味を、それぞれ答えよう。

教科書　p.182〜183

◆随筆(二)

徒然草

丹波に出雲といふ所あり

[1]丹波に[2]出雲といふ所あり。[3]大社を[4]移して、めでたく作れり。しだのなにがしとかや領る所なれば、秋のころ、[5]聖海上人、そのほかも、人あまた❶誘ひて、「いざたまへ、出雲拝みに。[6]かいもちひ召させん。」とて、具しもて行きたるに、おのおの拝みて、ゆゆしく信おこしたり。御前なる[7]獅子・狛犬、[8]背きて、後ろさまに立ちたりければ、上人いみじく感じて、「あな

1 **丹波**　今の京都府と兵庫県の一部。
2 **出雲**　今の京都府亀岡市千歳《ちとせ》町。
3 **大社**　島根県にある出雲大社。
4 **移して**　ここは、神霊を迎えて。
5 **聖海上人**　伝未詳。
❶「誘ひて」の主語は誰か。
6 **かいもちひ**　一二八ページ注4参照。
7 **獅子・狛犬**　獣をかたどった魔よけの像。口を開いた「阿《あ》」の形が獅子、口を閉じた「吽《うん》」の形が狛犬。
8 **背きて**　背中を向け合って。

検印

めでたや。この獅子の立ちやう、いとめづらし。深きゆゑ

あらん。」と涙ぐみて、「いかに、殿ばら、[9]殊勝のことは

御覧じとがめずや。むげなり。」と言へば、

おのおのあやしみて、「まことに他に異なりけり。

都のつとに語らん。」など言ふに、上人なほゆかしがりて、

おとなしくもの知りぬべき顔したる神官を呼びて、

「この御社の獅子の立てられやう、さだめてならひある

9 殊勝のことは御覧じとがめずや　ありがたいことをご覧になって気になりませんか。

ことにはべらん。ちと承らばや。」と言はれければ、

「そのことに候ふ。さがなき童べどものつかまつりける、

奇怪に候ふことなり。」とて、さし寄りて、据ゑ直して

いにければ、上人の感涙いたづらになりにけり。

（第二百三十六段）

学習の手引き

一 聖海上人の心がたかぶっていくさまを、表現に即して三つの場面に整理しよう。

二 聖海上人と、神官も含むその他の人たちとの対比に着目して、この話をおもしろく仕立てようとする作者の工夫を説明してみよう。

活動の手引き

一 この話を教訓として受け取った場合、「上人の感涙いたづらになりにけり。」の後にどのような一文を加えたらよいだろうか。各自で感じ取ったことを現代語で書き、発表し合おう。

言葉の手引き

一 次の語の意味を調べよう。

1 めでたし（一八四・1）

2 領る（一八四・2）

3 ゆゆし（一八四・4）

4 むげなり（一八四・8）

5 ゆかしがる（一八四・11）

6 おとなし（一八四・11）

7 さがなし（一八五・1）

8 いたづらなり（一八五・3）

二 「この獅子の立ちやう、いとめづらし。深きゆゑあらん。」（一八四・5）と、「この御社の獅子の立てられやう、さだめてならひあることにはべらん。」（一八四・13）とを比較し、表現上の違いを具体的に説明しよう。

◆随筆(二)

徒然草　花は盛りに

花は盛りに、月はくまなきをのみ見るものかは。

[1]雨に向かひて月を恋ひ、[2]垂れこめて春の行方知らぬも、

なほあはれに情け深し。咲きぬべきほどの梢、

散りしをれたる庭などこそ、見どころ多けれ。歌の詞書

にも、「花見にまかれりけるに、早く散り過ぎにければ。」

とも、「さはることありて、まからで。」なども書けるは、

「花を見て。」と言へるに劣れることかは。[3]花の散り、

1 雨に向かひて月を恋ひ　『類聚句題抄《るいじゅうくだいしょう》』に「対《むかヒテ》レ雨《ニ》恋《フ》レ月《ヲ》」という詩題がある。

2 垂れこめて　簾《すだれ》や帳《とばり》を垂らした室内に引きこもって。『古今集』に「垂れこめて春の行方も知らぬまに待ちし桜もうつろひにけり」（春下　藤原因香《よるか》）とある。

3 花の散り、月の傾くを慕ふならひ　花が散り、月が沈んだ後になって恋しく思う慣例。

検印

月の傾くを慕ふならひはさることなれど、

ことにかたくななる人ぞ、「この枝、かの枝、散りにけり。

今は見どころなし。」などは言ふめる。

よろづのことも、初め終はりこそをかしけれ。

男・女の情けも、ひとへにあひ見るをば言ふものかは。

あはでやみにし憂さを思ひ、[4]あだなる契りをかこち、

長き夜をひとり明かし、[5]遠き雲居を思ひやり、

4 あだなる契りをかこち かりそめの約束に終わったことを嘆き。

5 遠き雲居 はるか遠くに去った人。

浅茅が宿[6]に昔をしのぶこそ、色好む[7]とは言はめ。

望月のくまなきを千里のほか[8]まで眺めたるよりも、

暁近くなりて❶待ち出でたるが、いと心深う、

青みたるやうにて、深き山の杉の梢に見えたる、

木の間の影、うちしぐれたるむら雲隠れのほど[9]、

またなくあはれなり。椎柴・白樫[10]などの、

濡れたるやうなる葉の上にきらめきたるこそ、

6 **浅茅が宿** 茅《ちがや》が茂る荒れた家。

7 **色好む** 恋の情趣がわかる。

8 **千里のほか** はるか彼方《かなた》。『白氏文集《はくしぶんしゅう》』に「三五夜中新月色、二千里外故人心」（二六七ページ）とある。

❶「待ち出でたる」の後に省略された語は何か。

9 **うちしぐれたるむら雲隠れのほど** さっとしぐれを降らせている一群の雲に隠れる月の様子は。

10 **椎柴・白樫** ともにブナ科の常緑高木。「椎柴」は椎の木。

身にしみて、心あらん友もがなと、

都恋しうおぼゆれ。

すべて、月・花をば、さのみ目にて見るものかは。

春は家を立ち去らでも、月の夜は[11]閨の内ながらも

思へるこそ、いと[12]たのもしう、をかしけれ。

（第百三十七段）

11 閨 寝室。

12 たのもしう 想像に期待がふくらみ。

教科書　p.186〜187

学習の手引き

一　本文は、一文目の主張を起点として、連想によって文章が展開している。次の図式の空欄に、本文中の語句を埋めよう。

●花は盛りに、月はくまなきをのみ見るものかは。

⇔

●［　　　　］こそ、見どころ多けれ。

←

●よろづのことも、初め終はりこそをかしけれ。

←

●男女の恋愛：×［　　　　］⇕○　5例［　　　　］

●月：×望月のくまなき⇕○［　　　　］

←

深き山の杉の梢に見えたる、木の間の影

「くまなき」からの連想：［　　　　］

「雨」からの連想：濡れたるやうなる葉の上にきらめきたる

⇔

●すべて、月・花をば、さのみ目にて見るものかは。

活動の手引き

一　この章段には続きがあり、さらに連想が続いて、結末は一文目とは無関係の話に落着する。『徒然草』の原典を読んで、この後の話の内容を互いに確認し合おう。

言葉の手引き

一　次の語の意味を調べよう。

1　くまなし（一八六・1）

2　さること（一八六・6）

3　かたくななり（一八六・6）

4　よろづ（一八六・8）

教科書 p.186〜187

5 影（二六六・13）

6 心あり（二六七・1）

三 次の傍線部の助詞の意味を答えよう。

1 月はくまなきをのみ見るものかは。（二六六・1）

2 花見にまかれりけるに、（二六六・3）

3 心あらん友もがなと、（二六七・1）

4 さのみ目にて見るものかは。（二六七・2）

◆随筆(二)

徒然草　九月二十日のころ

九月二十日のころ、ある人に誘はれたてまつりて、
明くるまで月見ありくことはべりしに、おぼし出づる
所ありて、案内せさせて入りたまひぬ。荒れたる庭の
露しげきに、[1]わざとならぬにほひ、しめやかに
うちかをりて、[2]しのびたるけはひ、いとものあはれなり。
よきほどにて出でたまひぬれど、なほ事ざまの優に
おぼえて、物のかくれよりしばし見ゐたるに、[3]妻戸を

1 **わざとならぬにほひ**　わざわざ準備したとは思えない香《こう》の香り。

2 **しのびたるけはひ**　ひっそりと暮らしている様子。

3 **妻戸**　部屋の出入り口にある両開きの戸。

検印

いま少し押し開けて、月見るけしきなり。やがて

[4]かけこもらましかば、くちをしからまし。あとまで

見る人ありとは、いかでか知らん。❶かやうのことは、

ただ朝夕の心づかひによるべし。その人、ほどなく

失せにけりと聞きはべりし。

（第三十二段）

4かけこもらましかば もし妻戸の掛け金を掛けて部屋に引きこもったなら。

❶「かやうのこと」は何をさすか。

学習の手引き

一 「ある人」はどのような素性の人と想像できるか。本文中の手がかりを具体的に指摘しながら、説明してみよう。

二 「その人」（一六・13）のどのような振る舞いに、作者は感銘を受けたのか、説明してみよう。

活動の手引き

一 「九月二十日のころ」の「月」という設定が、この文章を読むうえで重要な要素となっている。「二十日のころ」の月の別名を調べ、その語を手がかりとしてわかったことを報告し合おう。

言葉の手引き

一 次の語の意味を調べよう。

1 案内す（一八八・2）

2 しめやかなり（一八八・3）

3 優なり（一八八・6）

4 やがて（一八八・9）

5 くちをし（一八八・10）

6 失す（一八八・13）

二 「けはひ」（一八八・4）と「けしき」（一八八・8）の意味の違いを調べよう。

三 「やがてかけこもらましかば、くちをしからまし。」（一八八・9）を、助動詞「まし」に注意して口語訳しよう。

◆軍記物語

平家物語

祇園精舎

1 祇園精舎の鐘の声、2 諸行無常の響きあり。

3 娑羅双樹の花の色、盛者必衰の理をあらはす。

おごれる人も久しからず、ただ❶春の夜の夢のごとし。

猛き者もつひには滅びぬ、ひとへに風の前の塵に同じ。

遠く異朝をとぶらへば、4 秦の趙高、5 漢の王莽、

6 梁の朱异、7 唐の禄山、これらはみな、旧主先皇の

政にも従はず、楽しみをきはめ、諫めをも思ひ入れず、

1 祇園精舎 須達《しゅだつ》長者が釈迦《しゃか》のために建てた寺。

2 諸行無常 万物は流転して常住しないこと。祇園精舎の無常堂の鐘は、病者の臨終の際に「諸行無常」と聞こえるように響いたという。

3 娑羅双樹 「娑羅」は木の名。釈迦入滅のとき、その床の四方に一双(二本)ずつ生えていた娑羅が合して床を覆い、白色になったという。

❶「春の夜の夢」は、どのようなことのたとえか。

4 秦の趙高 ?—前二〇七。秦の始皇帝に重用されたが、二世皇帝を殺害。

5 漢の王莽 前四五—二三。前漢の平帝に仕えたが、これを殺害。

6 梁の朱异 四八三—五四九。梁の武帝に仕え、政治をほしいままにした。

7 唐の禄山 ?—七五七。唐の玄宗皇帝に仕えたが、乱を起こした。

検印

教科書 p.194～195

天下の乱れんことを悟らずして、民間の愁ふるところを

知らざつしかば、久しからずして、亡じにし者どもなり。

近く本朝をうかがふに、承平の[8]将門、天慶の[9]純友、

康和の[10]義親、平治の[11]信頼、これらはおごれる心も

猛きことも、みなとりどりにこそありしかども、

ま近くは、[12]六波羅の入道前太政大臣[13]平朝臣清盛公と申しし

人のありさま、伝へ承るこそ、心も言葉も及ばれね。

8 将門 平将門（?—九四〇）。九三五年（承平五）に関東で乱を起こしたが、五年後に敗死。

9 純友 藤原純友（?—九四一）。九三九年（天慶二）に伊《い》予《よ》（今の愛媛県）で乱を起こしたが、二年後に降伏。

10 義親 源義親《みなもとのよしちか》（?—一一〇八）。九州や出雲で悪行を重ね、一一〇八年（天《てん》仁《にん》元）、追討使の平正盛に討たれた。

11 信頼 藤原信頼《のぶより》（一一三三—一一五九）。一一五九年（平治元）に源義朝《よしとも》と乱を起こしたが、平清盛らに敗れた。

12 六波羅 今の京都市東山区六波羅蜜寺《ろくはらみつじ》の付近。清盛が邸宅を構えた。

13 平朝臣清盛公 平清盛（一一一八—一一八一）。一一六七年（仁安《にんあん》二）に太政大臣になるが、同年辞し、翌年出家。

その先祖を尋ぬれば、桓武天皇第五の皇子、

[14]一品式部卿葛原親王九代の後胤、讃岐守正盛が孫、

刑部卿忠盛朝臣の嫡男なり。かの親王の御子、高視の王、

無官無位にして失せたまひぬ。その御子、高望の王の時、

初めて平の姓を賜つて、[15]上総介になりたまひしより、

たちまちに王氏を出でて人臣に連なる。

その子鎮守府の将軍義茂、のちには国香と改む。国香より

14 一品 親王の最高位。

15 上総介 上総《かずさ》の国(今の千葉県中部)の国司の次官。

正盛に至るまで六代は、諸国の[16]受領たりしかども、殿上の[17]仙籍をばいまだ許されず。

（巻一）

16受領　国司の長官。国守。

17仙籍　殿上人の出勤簿にあたる名札。「仙籍を許さる」は、昇殿を許可されること。

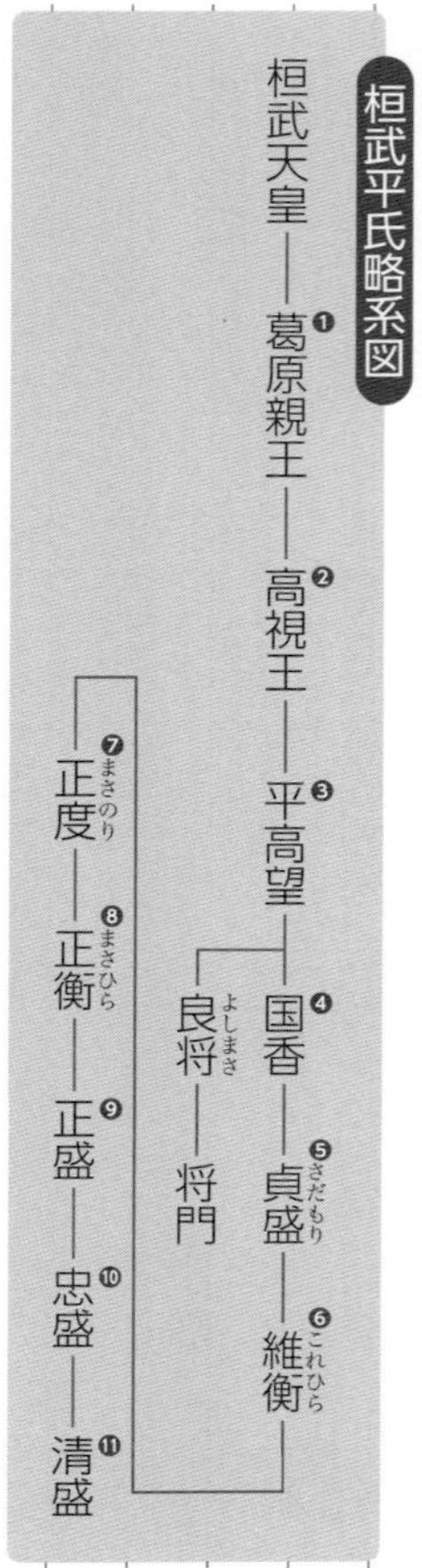

学習の手引き

一　この文章で強調されている思想を、本文中から抜き出そう。

二　右の思想の背景を具体的に示し、ある人物を焦点化するために、本文はどのような構成をとっているか、分析しよう。

言葉の手引き

一　次の語の意味を調べよう。

1　理（一四・2）　2　ひとへに（一四・3）

3　とぶらふ（一四・4）　4　とりどり（一四・9）

◆軍記物語

平家物語　木曽の最期

木曽の山中で成人した源義仲は、一一八〇年（治承四）、以仁王の平家打倒の令旨を奉じて挙兵した。平家の大軍を破って、一一八三年（寿永二）には都に入った。しかし、粗暴な振る舞いの多い義仲は、しだいに都の人の支持を失い、翌年、源頼朝がさし向けた源範頼・源義経の軍勢に追われる立場になった。

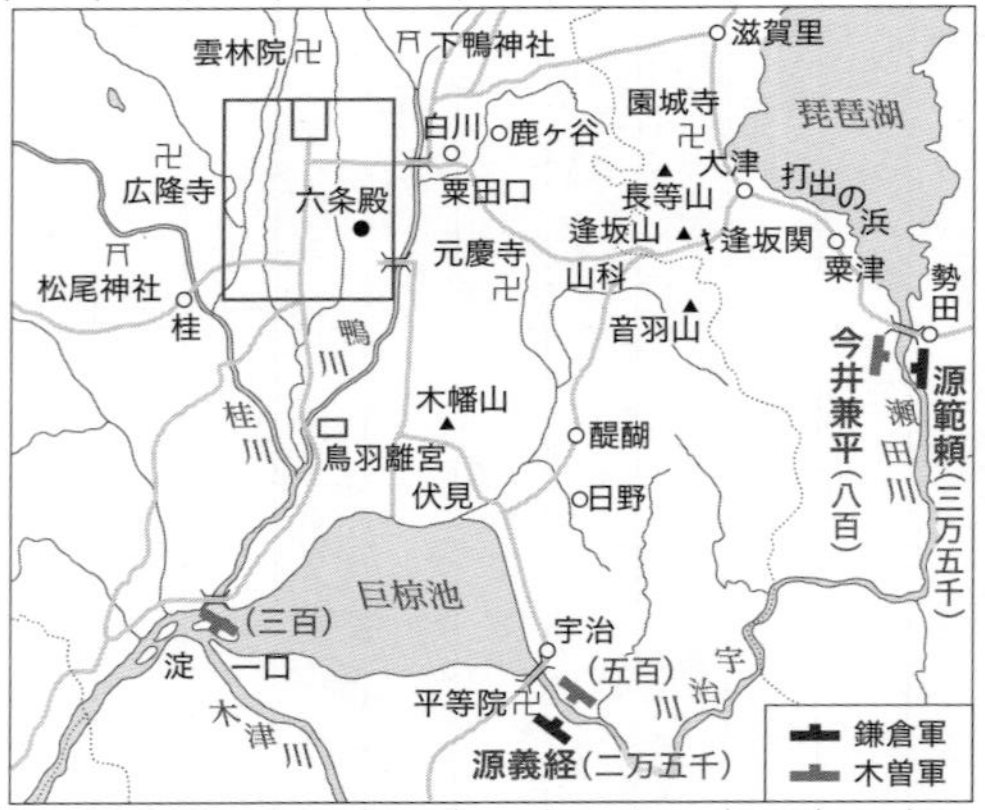

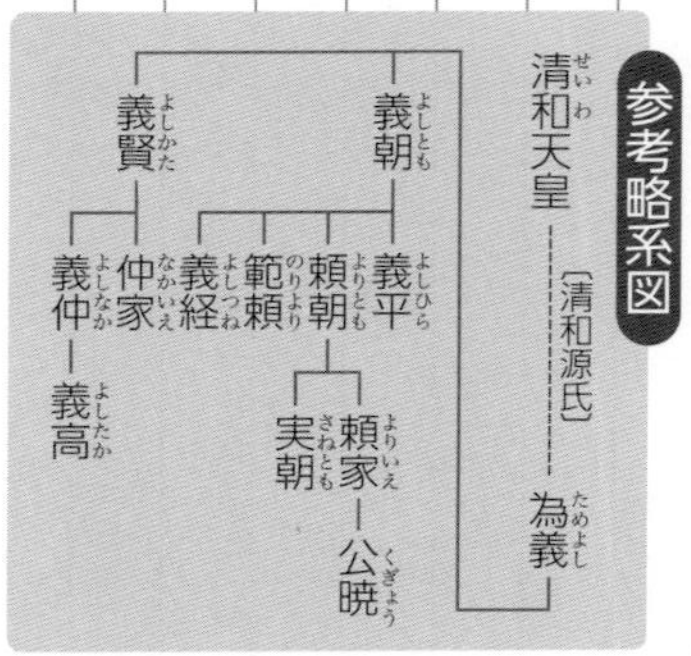

[1]木曽[2]左馬頭、その日の装束には、赤地の錦の[3]直垂に
[4]唐綾縅の鎧着て、鍬形打つたる甲の緒締め、
[5]いかものづくりの大太刀はき、[6]石打ちの矢の、その日の
いくさに射て少々残つたるを、[7]頭高に負ひなし、

1 **木曽**　源義仲（一一五四—一一八四）。「木曽」は信濃《しなの》の国（今の長野県）南西部。

2 **左馬頭**　左馬寮《ひだりのうまづかさ》の長官。

3 **直垂**　ここは、鎧の下に着る「鎧直垂」のこと。

4 **唐綾縅の鎧**　中国渡来の綾織りの絹を畳み重ねて綴《つづ》った鎧。

5 **いかものづくりの大太刀**　いかめしい外装の大太刀。

6 **石打ちの矢**　鷲《わし》などの尾の両端の羽をつけた矢。大将の矢として使われた。

7 **頭高に**　箙《えびら》に差した矢の先端が頭上高く突き出るようにするさま。

検印

滋藤の弓[8]持って、聞こゆる木曽の鬼葦毛[9]といふ馬の、

きはめて太うたくましいに、黄覆輪の鞍[10]置いてぞ

乗ったりける。鐙ふんばり立ち上がり、大音声をあげて

名のりけるは、「昔は聞きけんものを、木曽の冠者[11]、

今は見るらん、左馬頭兼伊予守[12]、朝日の将軍源義仲ぞや。

甲斐の一条次郎[13]とこそ聞け。互ひによいかたきぞ。

義仲討って兵衛佐[14]に見せよや。」とて、をめいて駆く。

8 滋藤の弓　漆で黒塗りにした上に籐《とう》を巻きつけた弓。

9 鬼葦毛　「葦毛」は白に黒または濃褐色の混じった馬の毛。「鬼」は強いの意。

10 黄覆輪の鞍　周りを金色の金具で縁取った鞍。

11 冠者　元服して冠を着けた若者。

12 伊予守　伊予（今の愛媛県）の国守。

13 甲斐の一条次郎　源忠《ただ》頼《より》。甲斐（今の山梨県）の源氏の一族。

14 兵衛佐　兵衛府の二等官。ここは、源頼朝（一一四七―一一九九）をさす。

一条次郎、「ただ今名のるは大将軍ぞ。あますな者ども、

もらすな若党、討てや。」とて、大勢の中に取りこめて、

我討つ取らんとぞ進みける。木曽三百余騎、六千余騎が

中を、[15]縦様・横様・蜘蛛手・十文字に駆け割つて、

後ろへつつと出でたれば、五十騎ばかりになりにけり。

そこを破つて[1]行くほどに、[16]土肥次郎実平二千余騎で

ささへたり。それをも破つて[1]行くほどに、あそこでは

15縦様・横様・蜘蛛手・十文字に　少数の者が大勢の中で奮戦する様子。

[1]「行くほどに」の繰り返しは、どのような表現効果をあげているか。

16土肥次郎実平　相模《さがみ》の国（今の神奈川県の一部）に勢力を持つ一族。

四、五百騎、ここでは二、三百騎、百四、五十騎、

百騎ばかりが中を、駆け割り駆け割り❶行くほどに、

主従五騎にぞなりにける。五騎がうちまで[17]巴は

討たれざりけり。木曽殿、「おのれは❷とうとう、女なれば、

いづちへも行け。我は討ち死にせんと思ふなり。

もし人手にかからば自害をせんずれば、木曽殿の最後の

いくさに、女を具せられたりけりなんど言はれんことも、

17 巴 生没年未詳。義仲と行動をともにした、武勇にすぐれた美しい女性。

❷「とうとう」は、どこにかかるか。

しかるべからず。」とのたまひけれども、
なほ落ちも行かざりけるが、あまりに言はれたてまつりて、
「あつぱれ、よからうかたきがな。最後のいくさして
見せたてまつらん。」とて、18控へたるところに、
19武蔵の国に聞こえたる大力、20御田八郎師重、
三十騎ばかりで出で来たり。巴、その中へ駆け入り、
御田八郎に押し並べて、むずと取つて引き落とし、

18控へたるところに 馬を止めて待機しているところに。
19武蔵の国 一四五ページ注15参照。
20御田八郎師重 伝未詳。

わが乗つたる鞍の[21]前輪に押しつけて、

ちつともはたらかさず、首ねぢ切つて[22]捨ててんげり。

そののち、[23]物具脱ぎ捨て、東国の方へ落ちぞ行く。

[24]手塚太郎討ち死にす。[25]手塚別当落ちにけり。

[26]今井四郎、木曽殿、主従二騎になつて、のたまひけるは、

「3日ごろは何ともおぼえぬ鎧が、今日は

重うなつたるぞや。」今井四郎申しけるは、「御身もいまだ

21 前輪　鞍の前部の、山形に高くなっている部分。

22 捨ててんげり　「捨ててけり」の転。

23 物具　鎧や甲。

24 手塚太郎　義仲の部下。

25 手塚別当　義仲の部下。

26 今井四郎　今井四郎兼平。二〇一ページ注**37**参照。

3 「日ごろは……重うなつたるぞや」は、義仲のどのような気持ちから出た言葉か。

疲れさせたまはず、御馬も弱り候はず。何によつてか、

一[27]領の[28]着背長を重うはおぼしめし候ふべき。それは、

御方に御勢が候はねば、臆病でこそさはおぼしめし候へ。

兼平一人候ふとも、余の武者千騎とおぼしめせ。

矢七つ八つ候へば、しばらく防き矢つかまつらん。

あれに見え候ふ、[29]粟津の松原と申す、あの松の中で

御自害候へ。」とて、[30]打つて行くほどに、また新手の武者、

27 **領** 鎧などを数える単位。

28 **着背長** 大将などが着用する大鎧の別称。

29 **粟津** 今の滋賀県大津市粟津町付近。

30 **打つて行く** 馬にむち打って進む。

五十騎ばかり出で来たり。「君はあの松原へ入らせたまへ。兼平はこのかたき防き候はん。」と申しければ、木曽殿のたまひけるは、「義仲、都にて[31]いかにもなるべかりつるが、これまで逃れ来るは、[32]なんぢと一所で死なんと思ふためなり。ところどころで討たれんよりも、ひとところでこそ討ち死にをもせめ。」とて、馬の鼻を並べて駆けんとしたまへば、今井四郎、

31 いかにもなる　ここは、最期を遂げるの意。

32 なんぢと一所で……　義仲は都で戦いに敗れた後、兼平の安否を気づかって、勢《せ》田《た》（今の大津市瀬田）へ赴く途中、打《うち》出《で》の浜（琵《び》琶《わ》湖《こ》西岸）で兼平とめぐりあった。

馬より飛び下り、主の馬の口に取りついて申しけるは、

「[33]弓矢取りは、年ごろ日ごろいかなる高名候へども、

最後のとき不覚しつれば、[34]長き疵にて候ふなり。

[4]御身は疲れさせたまひて候ふ。続く勢は候はず。

かたきに押し隔てられ、言ふかひなき人の郎等に

組み落とされさせたまひて、討たれさせたまひなば、

『さばかり日本国に聞こえさせたまひつる木曽殿をば、

33弓矢取り　武士。

34長き疵　末代までの不名誉。

4 兼平はなぜ「御身は疲れさせたまひて候ふ」と、前と逆のことを言ったのか。

教科書　p.196～203

[35]それがしが郎等の討ち[36]たてまつたる。』なんど

申さんことこそ、くちをしう候へ。ただあの松原へ

入らせたまへ。」と申しければ、木曽、「さらば。」とて、

粟津の松原へぞ駆けたまふ。

今井四郎ただ一騎、五十騎ばかりが中へ駆け入り、

鐙ふんばり立ち上がり、大音声あげて名のりけるは、

「日ごろは音にも聞きつらん、今は目にも見たまへ。

35 それがし　誰それ。ここは、名前を具体的に出さない言い方。

36 たてまつたる　「たてまつりたる」のつまった形。

木曽殿の[37]御乳母子、今井四郎兼平、生年三十三に

まかりなる。さる者ありとは、[38]鎌倉殿までも

知ろしめされたるらんぞ。兼平討つて見参に入れよ。」とて、

射残したる八筋の矢を、[39]さしつめ引きつめさんざんに

射る。死生は知らず、やにはにかたき八騎射落とす。

そののち[40]打ち物抜いて、あれに馳せ合ひ、これに

馳せ合ひ、切つてまはるに、[41]面を合はする者ぞなき。

37 **御乳母子**　ここは、ご後見役の子。兼平の父兼遠《かねとお》は義仲の傅《ふ》(お守り役)であった。

38 **鎌倉殿**　源頼朝。

39 **さしつめ引きつめ**　やつぎばやに射るさま。

40 **打ち物**　刀剣などの武器。

41 **面を合はする**　正面から立ち向かう。

42ぶんどりあまたしたりけり。ただ「射とれや。」とて、

中に取りこめ、雨の降るやうに射けれども、

鎧よければ43裏かかず、44あき間を射ねば手も負はず。

木曽殿はただ一騎、粟津の松原へ駆けたまふが、

正月二十一日、45入相ばかりのことなるに、薄氷は

張つたりけり、深田ありとも知らずして、馬をざつと

打ち入れたれば、馬の頭も見えざりけり。46あふれども

42 ぶんどり　敵の首や武器などを取ること。ここは、敵を殺傷すること。

43 裏かかず　矢が鎧の裏まで通らず。

44 あき間　鎧の隙間。

45 入相　夕暮れ。

46 あふれどもあふれども　どんなに馬の脇腹を鐙で蹴って進ませようとしても。

教科書 p.196〜203

あふれども、打てども打てども、はたらかず。今井が行方の

おぼつかなさに、ふりあふぎたまへる内甲[47]を、

三浦の石田次郎為久[48]、追つかかつて、よつぴいて、

ひやうふつと射る。痛手なれば、真向[49]を馬の頭にあてて

うつぶしたまへるところに、石田が郎等二人落ち合うて、

つひに木曽殿の首をば取つてんげり。太刀の先に貫き、

高くさし上げ、大音声をあげて、「この日ごろ日本国に

47 内甲 甲の内側。顔面のこと。

48 三浦の石田次郎為久 三浦氏の一族。「石田」は今の神奈川県伊勢原《いせはら》市。

49 真向 甲の正面。

教科書 p.196〜203

聞こえさせたまひつる木曽殿をば、三浦の石田次郎為久が

討ちたてまつりたるぞや。」と名のりければ、今井四郎、

いくさしけるが、これを聞き、「5今は、たれを

かばはんとてかいくさをもすべき。これを見たまへ、

東国の殿ばら、日本一の剛の者の自害する手本。」とて、

太刀の先を口に含み、馬よりさかさまに飛び落ち、

50貫かつてぞ失せにける。

50 **貫かつて** 突き通って。「貫かりて」の音便。

5「今は、……いくさをもすべき」という言葉から、兼平の奮戦の目的は何であったとうかがわれるか。

さてこそ粟津のいくさはなかりけれ。

（巻九）

学習の手引き

一 義仲が巴にかけた言葉（一九六・9～13）について、言葉にしていない思いも想像して、せりふの形で書いてみよう。

二 義仲と兼平の言動から、武士の立場に基づく部分と、人間的な面が表れている部分とをそれぞれ指摘し、そこに表れた心情を読み解こう。

活動の手引き

一 語り物の特色が表れていると思う描写や表現を指摘し、なぜそう思ったのか、理由を説明してみよう。

言葉の手引き

一 次の語の意味を調べよう。

1 聞こゆる（一九六・12）　2 かたき（一九七・8）

3 はたらく（一九九・2）　4 言ふかひなし（二〇〇・12）

5 さらば（二〇〇・16）　6 おぼつかなさ（二〇二・4）

二「御身もいまだ疲れさせたまはず、……御自害候へ。」（一九九・6～14）に使われている敬語をすべて抜き出し、文法的に説明しよう。

◆和歌・俳諧

万葉集

[1]岡本天皇の御製歌一首　舒明天皇

夕されば[2]小倉の山に鳴く鹿は
今夜は鳴かず寝ねにけらしも（巻八）

[3]額田王の歌　額田王

[4]熟田津に船乗りせむと月待てば
潮もかなひぬ今は漕ぎ出でな（巻一）

1 **岡本天皇**　五九三？—六四一、在位六二九—六四一。飛鳥岡《あすかのおか》本宮《もとのみや》（今の奈良県高市《たかいち》郡明日《あす》香《か》村か）を皇居とした、舒明天皇。

2 **小倉の山**　所在未詳。一説に、今の奈良県桜井市今井谷付近の山。

3 **額田王**　生没年未詳。七世紀後半、大海人皇子《おおあまのみこ》（のちの天武《てんむ》天皇）と結婚、のち天智《てんじ》天皇に召されたともいう。

4 **熟田津**　今の愛媛県松山市にあったといわれる港。

検印

[5]柿本朝臣人麻呂が羇旅の歌

柿本人麻呂

天離る鄙の長道ゆ恋ひ来れば

[6]明石の門より[7]大和島見ゆ

（巻三）

[8]神亀元年甲子の冬十月五日、[9]紀伊国に幸せる時に、

[10]山部宿禰赤人が作る歌

山部赤人

[11]若の浦に潮満ち来れば潟を無み

葦辺をさして鶴鳴き渡る

（巻六）

5 柿本朝臣人麻呂 生没年未詳。七世紀後半から八世紀初めにかけて持統《じとう》・文武《もんむ》両朝に仕えた。

6 明石の門 今の兵庫県明石海岸と淡路島《あわじしま》北端との間にある海峡。明石海峡。

7 大和島 大和の国の山々。「島」は海から見た陸地。

8 神亀元年 七二四年。「甲子」はその年の干支《えと》。

9 紀伊国に幸せる時 聖《しょう》武《む》天皇が紀伊国に行幸なさったとき。「紀伊国」は今の和歌山県と三重県の一部。

10 山部宿禰赤人 生没年未詳。八世紀前半、元《げん》明《めい》・元《げん》正《しょう》・聖武朝のころの人。

11 若の浦 今の和歌山市西南部の和歌の浦《わかのうら》。

 教科書　p.206〜208

子等を思ふ歌一首

山上憶良[12]

瓜食めば　子ども思ほゆ　栗食めば　まして偲はゆ

いづくより　来たりしものそ　目交に　もとな懸かりて

安眠し寝さぬ[13]

（巻五）

反[14]　歌

銀も金も玉も何せむに

まされる宝子に及かめやも

（巻五）

12山上憶良　六六〇―七三三？。筑前守《ちくぜんのかみ》となり、当時大《だざ》宰帥《いのそち》であった大伴旅人《おおとものたびと》と親交があった。

13安眠し寝さぬ　安眠させないことだよ。

14反歌　長歌に添える短歌形式の歌。長歌の内容を繰り返したり補ったりする。

15大伴坂上郎女の歌一首

大伴坂上郎女

夏の野の繁みに咲ける16姫百合の

知らえぬ恋は苦しきものそ

（巻八）

17二十五日に作る歌一首

18大伴家持

うらうらに照れる春日に雲雀上がり

情悲しも一人し思へば

（巻十九）

15大伴坂上郎女 生没年不詳。旅人の異母妹。家持《やかもち》の叔母。

16姫百合 ユリ科の多年草。小ぶりの花を咲かせる。

17二十五日 七五三年（天平勝宝《てんぴょうしょうほう》五）二月二十五日。

18大伴家持 七一八?—七八五。旅人の子。『万葉集』の編纂に関わったとされる。

（東歌[19]）

多摩川[20]にさらす手作り[21]さらさらに
何そこの児のここだかなしき
（巻十四）

（防人歌[22]）

韓衣[23]裾に取りつき泣く子らを
置きてそ来ぬや母なしにして
（巻二十）

19 東歌　東国地方の歌。

20 多摩川　今の東京都と神奈川県との県境を流れ、東京湾に注ぐ川。

21 手作り　手織りの布。税として朝廷に納めた。

22 防人　九州北辺の警護のため、三年交代で東国から徴用された兵士。

23 韓衣　大陸ふうの衣服。「からころむ」は「からころも」の上代東国方言。

学習の手引き

一 意味上どこで切れるかを意識して、それぞれの歌を音読しよう。

二 修辞技法の用いられている歌について、技法をそれぞれ説明してみよう。

三 情景や心情がどのように表出されているかに留意して、それぞれの歌を鑑賞しよう。

◆和歌・俳諧

古今和歌集

春立ちける日よめる　紀貫之[1]

袖ひちてむすびし水のこほれるを
春立つ今日の風やとくらむ　（巻一　春歌上）

渚の院[2]にて、桜を見てよめる　在原業平[3]

世の中にたえて桜のなかりせば
春の心はのどけからまし　（巻一　春歌上）

1 紀貫之　一七ページ解説参照。

2 渚の院　今の大阪府枚《ひら》方《かた》市渚元町にあった惟《これ》喬《たか》親王（文《もん》徳《とく》天皇の皇子）の別荘。

3 在原業平　八二五―八八〇。平《へい》城《ぜい》天皇の孫。六歌仙の一人。『伊勢物語』の主人公とされている。

検印

題知らず

よみ人知らず

[4]五月待つ花橘の香をかげば
昔の人の袖の香ぞする

(巻三 夏歌)

秋立つ日よめる

[5]藤原敏行

秋来ぬと目にはさやかに見えねども
風の音にぞおどろかれぬる

(巻四 秋歌上)

4 五月待つ　五月を待って咲く。

5 藤原敏行　?―九〇一?。

冬の歌とてよめる

[6]源　宗于

山里は冬ぞさびしさまさりける
人めも草もかれぬと思へば
（巻六　冬歌）

雪の降りけるを見てよめる

[7]紀　友則

雪降れば木ごとに花ぞ咲きにける
いづれを梅とわきて折らまし
（巻六　冬歌）

6 源宗于 ?―九三九。

7 紀友則 ?―九〇五?。『古今集』の撰者。貫之の従兄弟《いとこ》。

唐土にて月を見てよみける　　安倍仲麻呂[8]

天の原ふりさけ見れば[9]春日なる
三笠の山に出でし月かも

この歌は、昔、仲麻呂を唐土にもの習はしに
つかはしたりけるに、あまたの年を経て、
え帰りまうで来ざりけるを、この国より、また[10]使ひ
まかり至りけるに、たぐひてまうで来なむとて、

8安倍仲麻呂　六九八—七七〇。七一七年(養老《ようろう》元)、遣唐留学生として渡唐、玄宗皇帝に仕え、長安で没した。

9春日なる三笠の山　今の奈良市の東部にある三笠山。

10使ひ　七五二年(天平勝宝四)に派遣された遣唐使をさす。

教科書 p.209〜211

出で立ちけるに、[11]明州といふ所の海辺にて、

かの国の人、馬のはなむけしけり。夜になりて月の

いとおもしろくさし出でたりけるを見てよめるとなむ、

語り伝ふる。

(巻九 羇旅歌)

題知らず

[12]小野小町

思ひつつ寝ればや人の見えつらむ

夢と知りせばさめざらましを

(巻十二 恋歌二)

11 **明州** 今の中国の浙江《せっこう》省の寧波《ニンポー》。

12 **小野小町** 生没年未詳。九世紀中ごろの女性歌人。六歌仙の一人。

教科書 p.209～211

[13]深草の帝の御時に、[14]蔵人頭にて夜昼

なれつかうまつりけるを、[15]諒闇になりにければ、

さらに世にもまじらずして、[16]比叡の山に登りて、

かしら下ろしてけり。そのまたの年、みな人、

[17]御服脱ぎて、あるは[18]冠賜りなど、喜びけるを

聞きてよめる　　[19]僧正遍昭

みな人は花の衣になりぬなり苔の袂よかわきだにせよ

（巻十六　哀傷歌）

13深草の帝　仁明《にんみょう》天皇（八一〇—八五〇、在位八三三—八五〇）。

14蔵人頭　蔵人所《くろうどどころ》の次官で実質上の責任者。

15諒闇　天皇が父母の喪に服する期間。通常一年間。ここは、文徳天皇が父仁明天皇の喪に服する期間。

16比叡の山　一二八ページ注**2**参照。

17御服　喪服。

18冠賜り　位を昇進させていただき。

19僧正遍昭　八一六—八九〇。俗名は良岑宗貞《よしみねのむねさだ》。六歌仙の一人。

学習の手引き

一 意味上どこで切れるかを意識して、それぞれの歌を音読しよう。

二 修辞技法の用いられている歌について、技法をそれぞれ説明してみよう。

三 対象の捉え方や表現のしかたを『万葉集』と比較しながら、それぞれの歌を鑑賞しよう。

◆和歌・俳諧

新古今和歌集

春のはじめの歌　[1]後鳥羽院

[2]ほのぼのと春こそ空に来にけらし

[3]天の香具山霞たなびく　（巻一　春歌上）

[4]百首歌奉りし時、春の歌　[5]式子内親王

山深み春とも知らぬ松の戸に

たえだえかかる雪の玉水　（巻一　春歌上）

1後鳥羽院　一一八〇—一二三九、在位一一八三—一一九八。『新古今集』の撰集《せんしゅう》を下命。一二二一年（承久《じょうきゅう》三）、承久の乱に敗れて隠岐《おき》の島に流された。

2ほのぼのと…　『万葉集』の「ひさかたの天《あめ》の香具山この夕へ霞たなびく春立つらしも」（巻十）を本歌とする。

3天の香具山　今の奈良県橿原《かしはら》市東部にある山。大和三山の一つ。

4百首歌　歌数を決めてよむ詠歌形式。ここは、一二〇〇年（正治《しょうじ》二）に後鳥羽院が催した「正治二年初度《しょど》百首」。

5式子内親王　一一四九—一二〇一。後白河《ごしらかわ》天皇の皇女。

検印

[6]入道前関白、右大臣にはべりける時、[7]百首歌

よませはべりける、ほととぎすの歌　　[8]藤原俊成

[9]昔思ふ草の庵の夜の雨に

涙な添へそ山ほととぎす　　（巻三　夏歌）

題知らず　　[10]藤原俊成女

[11]橘のにほふあたりのうたたねは

夢も昔の袖の香ぞする　　（巻三　夏歌）

6 入道前関白　藤原兼実《かねざね》（一一四九—一二〇七）。九条家の始祖。

7 百首歌　一一七八年（治承《じしょう》二）の「右大臣家百首」。

8 藤原俊成　一一一四—一二〇四。『千載《せんざい》集』の撰者。家集に『長秋詠藻《ちょうしゅうえいそう》』、歌論に『古来風体抄《こらいふうていしょう》』などがある。

9 昔思ふ草の庵の夜の雨　白居易《はくきょい》の『白氏文集《はくしぶんしゅう》』に「蘭省《らんしやうノ》 花時《ノ》錦帳《ノ》下《もと》、盧山《ろざんノ》 雨夜《ノ》草庵《さうあんノ》 中《うち》。」とある。

10 藤原俊成女　一一七一?—一二五四?。俊成の孫で養女。

11 橘の…　『古今集』の「五月待つ花橘の香をかげば昔の人の袖の香ぞする」（二〇九ページ）を本歌とする。

99. 教科書　p.212～214

題知らず

12 寂蓮法師

さびしさはその色としもなかりけり

まき立つ山の秋の夕暮れ

(巻四 秋歌上)

題知らず

13 西行法師

心なき身にもあはれは知られけり

14 鴫立つ沢の秋の夕暮れ

(巻四 秋歌上)

12 寂蓮法師 一一三九?—一二〇二。俗名は藤原定長《さだなが》。俊成の甥《おい》で養子。『新古今集』の撰者。

13 西行法師 一一一八—一一九〇。俗名は佐藤義清《さとうのりきよ》。家集に『山家集《さんかしゅう》』がある。

14 鴫 一四五ページ注18参照。

西行法師、勧めて、15百首歌よませはべりけるに

16藤原定家

見渡せば花も紅葉もなかりけり
浦の苫屋の秋の夕暮れ
（巻四 秋歌上）

17摂政太政大臣家歌合に、湖上の冬月

18藤原家隆

19志賀の浦や遠ざかりゆく波間より
凍りて出づる有明の月
（巻六 冬歌）

15 **百首歌** 一一八六年（文治《ぶんじ》二）の「二見浦《ふたみがうら》百首」。

16 **藤原定家** 一一六二―一二四一。俊成《としなり》の子。『新古今集』『新勅撰《しんちょくせん》集』の撰者。家集に『拾遺愚草《しゅういぐそう》』、歌論に『近代秀歌《きんだいしゅうか》』『毎月抄《まいげつしょう》』などがある。

17 **摂政太政大臣家歌合** 一一九九年（正治元）に藤原良経《よしつね》が催した歌合。

18 **藤原家隆** 一一五八―一二三七。家集に『壬二《みに》集』がある。『新古今集』の撰者。

19 **志賀の浦や……** 『後拾遺《ごしゅうい》集』の「さ夜更くるままに汀《みぎは》や凍るらむ遠ざかりゆく志賀の浦波」（巻六 快覚《かいかく》）を本歌とする。

[20]百首歌奉りし時、よめる

[21]慈　円

わが恋は松を時雨の染めかねて

[22]真葛が原に風さわぐなり

（巻十一　恋歌一）

[23]百首歌よみはべりけるに

[24]藤原良経

ふるさとは[25]浅茅が末になり果てて

月に残れる人の面影

（巻十七　雑歌中）

20百首歌　注**4**に同じ。

21慈円　一一五五—一二二五。藤原兼実の弟。天台座主《てんだいざす》。家集に『拾玉集《しゅうぎょくしゅう》』、史論書に『愚管抄《ぐかんしょう》』がある。

22真葛が原　葛の生い茂る原。「真」は美称の接頭語。葛は風に吹かれると白い裏葉を見せるところから、「うらみ」を暗示する。

23百首歌　一一九一年（建久《けんきゅう》二）に自邸で催した「十題百首」。

24藤原良経　一一六九—一二〇六。兼実の子。家集に『秋《あき》篠月清集《しのげっせいしゅう》』がある。

25浅茅が末　浅茅の生い茂る野末。「浅茅」は丈の低い茅萱《ちがや》。

学習の手引き

一　意味上どこで切れるかを意識して、それぞれの歌を音読しよう。

二　本歌取りの歌について、それぞれ先行の作品をふまえつつどのような新しさを生み出しているか、脚注を参考にして説明してみよう。

三　着想のしかたに注目しながら、それぞれの歌を鑑賞しよう。

◆和歌・俳諧

奥の細道　旅立ち

月日は[1]百代の過客にして、行きかふ年もまた旅人なり。舟の上に生涯を浮かべ、馬の口とらへて老いを迎ふる者は、日々旅にして、旅を栖とす。[2]古人も多く旅に死せるあり。予も、いづれの年よりか、片雲の風に誘はれて、漂泊の思ひやまず、[3]海浜にさすらへ、去年の秋、[4]江上の破屋に蜘蛛の古巣を払ひて、やや年も暮れ、春立てる霞の空に、[5]白河の関越えんと、[6]そぞろ神のものにつきて心を狂はせ、

※「旅程図」は二二八ページ参照。

1 百代の過客　永遠に歩みをやめない旅人。李《り》白《はく》の「春夜宴二従スル弟ノ桃花園一序」に「夫《そレ》天地者《は》万物之《の》逆旅《げきりよ》ニシテ也、光陰者《は》百代之《の》過客也《なり》。」とある。

2 古人　芭蕉が敬慕した、西行・宗祇《そうぎ》、唐の李白・杜甫《とほ》らをさす。

3 海浜にさすらへ　芭蕉は『笈《おい》の小文《こぶみ》』の旅で、鳴海《なるみ》・須磨《すま》・明石《あかし》などの海岸を歩いた。

4 江上の破屋　隅田川のほとりのあばら屋。江戸《えど》深川《ふかがわ》（今の東京都江《こう》東区深川）の芭蕉庵《あん》。前年の八月末に、『笈の小文』『更科《さらしな》紀行』の旅を終えて帰着した。

5 白河の関　今の福島県白河市にあった関所で、著名な歌枕。

6 そぞろ神　人の心にとりついて落ち着きをなくさせる神のことか。

検印

[7]道祖神の招きにあひて取るもの手につかず、

ももひきの破れをつづり、笠の緒つけかへて、

[8]三里に灸据うるより、[9]松島の月まづ心にかかりて、

住める方は人に譲り、[10]杉風が[11]別墅に移るに、

草の戸も住み替はる代ぞ雛の家

[12]表八句を庵の柱に掛けおく。

弥生も末の七日、あけぼのの空朧々として、月は有明にて

7 **道祖神**　旅の安全を守る神。

8 **三里**　膝頭の下の外側のくぼみ。

9 **松島**　今の宮城県の松島湾一帯。

10 **杉風**　杉山杉風（一六四七—一七三二）。蕉門十哲の一人。

11 **別墅**　別宅。芭蕉庵の近くにあった采茶庵《さいとあん》をさす。

12 **表八句**　四枚の懐紙に百韻の連句を書くとき、第一紙表に書く八句。ここは、「草の戸も」の句を発句《ほっく》にしてよんだ八句。

光をさまれる[13]ものから、富士の峰かすかに見えて、

[14]上野・谷中の花の梢、またいつかはと心細し。

むつまじき限りは宵より集ひて、舟に乗りて送る。

[15]千住といふ所にて舟を上がれば、前途三千里の思ひ

胸にふさがりて、[1]幻のちまたに離別の涙をそそぐ。

行く春や鳥啼き魚の目は涙

これを[16]矢立ての初めとして、行く道なほ進まず。

13 ものから　「ので」の意の順接の接続助詞。逆接に解する説もある。

14 上野・谷中　ともに今の東京都台東区の地名で、古来桜の名所。

15 千住　今の東京都足立《あだち》区千住。荒川に臨む奥《おう》州《しゅう》街道最初の宿場。

1 「幻のちまた」とはどういう意味か。

16 矢立ての初め　旅の記録の書き始め。「矢立て」は携帯用の筆記具。

 教科書　p.222〜223

人々は途中に立ち並びて、後ろ影の見ゆるまではと、見送るなるべし。

学習の手引き

一 冒頭の二文には、どのような修辞技法が用いられ、どのような人生観が示されているか、説明してみよう。

二 作者が旅に出た理由を、本文中の表現をもとに整理しよう。

活動の手引き

一 「『奥の細道』旅程図」を参照し、旅の概要を把握しよう。

言葉の手引き

一 次の語の意味を調べよう。

1 やや（三三・5）　2 有明（三三・1）

3 むつまじ（三三・3）　4 なほ（三三・7）

二 季語と切れ字について調べ、「草の戸も」「行く春や」の句の季語と切れ字を答えよう。

◆和歌・俳諧

奥の細道　平泉

[1]三代の栄耀❶一睡のうちにして、大門の跡は一里こなたにあり。秀衡が跡は田野になりて、[2]金鶏山のみ形を残す。まづ[3]高館に登れば、北上川、[4]南部より流るる大河なり。衣川は[5]和泉が城を巡りて、高館の下にて大河に落ち入る。[6]泰衡らが旧跡は、衣が関を隔てて南部口をさし固め、えぞを防ぐと見えたり。さても、義臣すぐつてこの城にこもり、功名一時の草むらと

1 **三代**　平安時代後期に奥州を支配した、藤原清衡《きよひら》(一〇五六―一一二八)・基《もと》衡《ひら》(?―一一五七?)・秀衡(?―一一八七)。

❶「一睡のうち」とはどういう意味か。

2 **金鶏山**　秀衡が築き、黄金で作った鶏の雌雄を埋めたという山。

3 **高館**　源義経(一一五九―一一八九)の居館。

4 **南部**　南部藩の領地。今の岩手県盛岡《もりおか》市を中心とする地域。

5 **和泉が城**　秀衡の三男忠衡《ただひら》(一一六七―一一八九)の居城。

6 **泰衡**　?―一一八九。秀衡の次男。

検印

なる。「[7]国破れて山河あり、城春にして草青みたり。」

と、笠うち敷きて、時の移るまで涙を落としはべりぬ。

夏草やつはものどもが夢の跡

[8]卯の花に[9]兼房見ゆる白毛かな　[10]曽良

かねて耳驚かしたる[11]二堂開帳す。経堂は三将の像を残し、

光堂は三代の棺を納め、[12]三尊の仏を安置す。[13]七宝

散り失せて、珠の扉風に破れ、金の柱霜雪に朽ちて、すでに

7 国破れて…青みたり 杜甫の「春望」詩（二六九ページ）による。

8 卯の花 ウツギの別名。

9 兼房 『義経記《ぎけいき》』に登場する人物。

10 曽良 河合《かわい》曽良（一六四九―一七一〇）。この旅に同行した、芭蕉の門人。

11 二堂 今の中尊寺経蔵《ちゅうそんじきょうぞう》と金色堂《こんじきどう》。

12 三尊の仏 阿弥陀《あみだ》如来と、脇侍《きょうじ》の観世音菩薩《かんぜおんぼさつ》・勢至《せいし》菩薩。

13 七宝 仏教の経典に記されている、金・銀・瑠璃など七種の宝。

頽廃空虚の草むらとなるべきを、[14]四面新たに囲みて、甍を覆ひて風雨をしのぐ。しばらく千歳のかたみとはなれり。

五月雨の降り残してや光堂

14 四面新たに囲みて　金色堂を納める覆堂《おおいどう》が、一六二七年（寛永《かんえい》四）に修復されたことをさす。

学習の手引き

一　「夏草や」「五月雨の」の句を鑑賞し、散文部分の記述とどのような関係にあるか、説明してみよう。

活動の手引き

一　藤原秀衡や源義経について調べ、本文の読解に必要な情報を報告し合おう。

言葉の手引き

一　次の語の意味を調べよう。

1　さても（三四・5）

2　かたみ（三四・13）

二　「さても、義臣すぐつてこの城にこもり、功名一時の草むらとなる。」（三四・5）という俳文独特の表現を、省略された内容を補って口語訳しよう。

◆和歌・俳諧

奥の細道　立石寺

山形領に[1]立石寺といふ山寺あり。[2]慈覚大師の開基にして、ことに清閑の地なり。一見すべきよし、人々の勧むるによつて、[3]尾花沢よりとつて返し、その間七里ばかりなり。日いまだ暮れず。ふもとの[4]坊に宿借りおきて、山上の堂に登る。岩に巌を重ねて山とし、[5]松柏年ふり、土石老いて苔なめらかに、岩上の院々扉を閉ぢて、物の音聞こえず。[6]岸を巡り岩をはひて、

1 立石寺　今の山形市にある立石寺《りっしゃくじ》(通称山寺《やまでら》)。

2 慈覚大師　七九四—八六四。天台宗の高僧円仁《えんにん》。八六〇年(貞観《じょうがん》二)に立石寺を開いたと伝えられる。

3 尾花沢　今の山形県尾《お》花沢《ばなざわ》市。

4 坊　僧の起居する建物。僧坊。ここは、参詣者が宿泊する建物で、宿坊をいう。

5 松柏　松などの常緑高木の総称。

6 岸　崖。

検印

教科書 p.226〜227

仏閣を拝し、佳景寂寞として心澄みゆくのみおぼゆ。

閑かさや岩にしみ入る蟬の声

学習の手引き

一 「閑かさや」の句を鑑賞し、初案「山寺や石にしみつく蟬の声」、再案「さびしさや岩にしみこむ蟬の声」の二句と比較して、その味わいの違いを説明してみよう。

活動の手引き

一 「岩に巌を重ねて」(三六・4)以下の描写と、次ページの写真から得られる情報をもとに、立石寺の様子を説明してみよう。

言葉の手引き

一 次の語の意味を調べよう。

1 開基(三六・1)　2 清閑(三六・1)

3 佳景(三六・6)　4 寂寞たり(三六・6)

二 次の傍線部の助詞の意味を答えよう。

1 その間七里ばかりなり。(三六・2)

2 心澄みゆくのみおぼゆ。(三六・6)

『奥の細道』旅程図

月・日	行程
3月27日	深川出立
4月1日	日光で東照宮《とうしょうぐう》を見る ❶
4月3日～15日	黒羽《くろばね》滞在
4月19日	殺生石《せっしょうせき》を見る
4月20日	蘆野《あしの》の遊行柳《ゆぎょうやなぎ》を見る ❷
4月21日	白河の関を越える ❸
4月22日～28日	須賀川《すかがわ》滞在 ❹
5月2日	忍文字摺石《しのぶもじずりいし》を見る
5月4日	笠島《かさしま》を過ぎ、武隈《たけくま》の松を見る
5月4日～7日	仙台で玉田・横野などをめぐる
5月8日	末の松山・塩釜《しおがま》などを見る
5月9日	松島遊覧 ❺
5月10日	石巻《いしのまき》に行く
5月13日	平泉で高館《たかだち》に登り、中尊寺参拝
5月17日～26日	尾花沢《おばなざわ》滞在 ❻
5月27日	立石寺《りゅうしゃくじ》参拝
6月1日	大石田《おおいしだ》から最上川《もがみがわ》を船で下る
6月3日	新庄《しんじょう》から最上川を船で下る
6月3日～9日	羽黒山《はぐろやま》・月山《がっさん》・湯殿山《ゆどのやま》に登る ❼
6月13日～14日	酒田《さかた》滞在
6月16日～17日	象潟《きさがた》遊覧 ❽
6月18日～24日	酒田滞在
7月6日～7日	直江津《なおえつ》で七夕《たなばた》を迎える ❾
7月12日	親不知《おやしらず》などの難所を越え、市振《いちぶり》に泊まる ❿
7月15日～23日	金沢滞在、門人の追善供養 ⓫
7月24日～26日	小松滞在、多太《ただ》神社参詣 ⓬
7月27日～8月4日	山中温泉滞在
8月5日	曽良腹痛のためここから別行動
8月11日?	金沢から同道してきた橘北枝《たちばなほくし》と松岡で別れる
8月14日～15日	敦賀《つるが》で気比《けひ》明神参拝 ⓭
8月16日	種《いろ》の浜《はま》で貝を拾う
8月21日	大垣《おおがき》に到着
9月6日	大垣から伊勢へ向かう ⓮

❶日光　あらたふと青葉若葉の日の光

❷蘆野　田一枚植ゑて立ち去る柳かな

❸白河の関　卯の花をかざしに関の晴着かな　曽良

❹須賀川　風流の初めや奥の田植ゑ歌

❹須賀川　世の人の見つけぬ花や軒の栗

❺松島　松島や鶴に身を借れほととぎす　曽良

❻尾花沢　まゆはきを俤《おもかげ》にして紅粉《べに》の花

❼月山　雲の峰いくつ崩れて月の山

❽象潟　象潟や雨に西施《せいし》がねぶの花

❾直江津　荒海や佐渡に横たふ天の河

❿市振　一つ家に遊女も寝たり萩《はぎ》と月

⓫金沢　塚も動けわが泣く声は秋の風

⓬小松　無残やな甲《かぶと》の下のきりぎりす

⓭敦賀　月清し遊行《ゆぎょう》の持てる砂の上

⓮大垣　蛤《はまぐり》のふたみに別れ行く秋ぞ

※白河の関と松島では、芭蕉の句は記されていない。

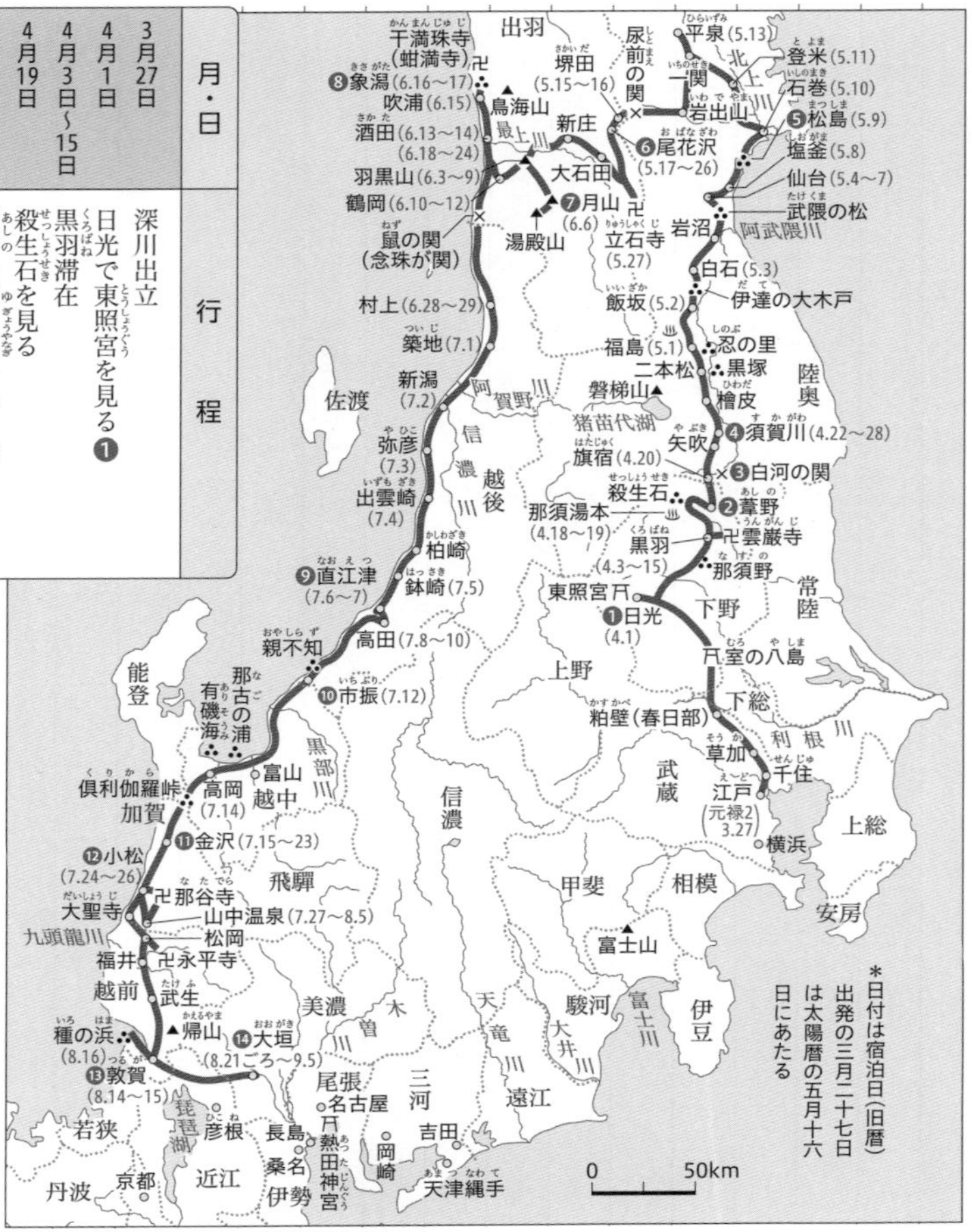

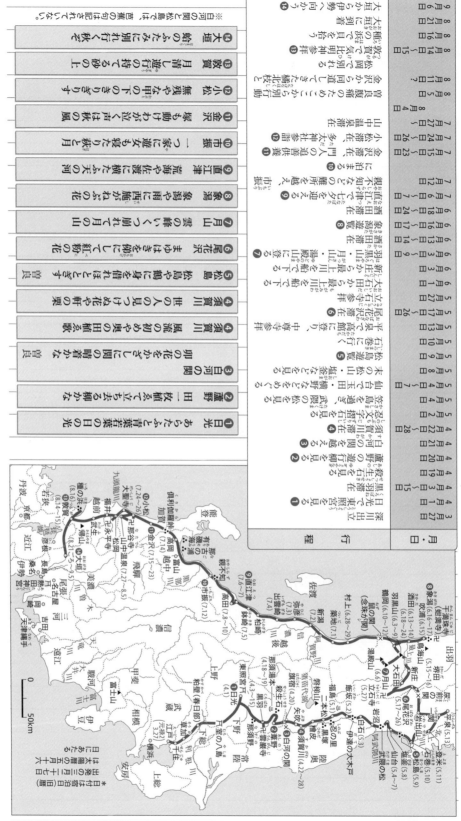